VIRTUD CÍVICA
TRABAJEMOS JUNTOS

CÓMO TOMAR DECISIONES EN GRUPO

JOSHUA TURNER

TRADUCIDO POR ESTHER SARFATTI

PowerKiDS press.

New York

Published in 2019 by The Rosen Publishing Group, Inc.
29 East 21st Street, New York, NY 10010

First Edition

Translator: Esther Sarfatti
Editorial Director, Spanish: Nathalie Beullens-Maoui
Editor, Spanish: Ana María García
Editor, English: Melissa Raé Shofner
Book Design: Tanya Dellaccio

Photo Credits: Cover Ariel Skelley/DigitalVision/Getty Images; pp. 5, 7 (top) Monkey Business Images/Shutterstock.com; p. 7 (bottom) Dmytro Zinkevych/Shutterstock.com; p. 9 (top) Doug Pensinger/Getty Images News/Getty Images; p. 9 (Barack Obama) Joseph Sohm/Shutterstock.com; p. 11 asiseeit/E+/Getty Images; p. 13 (top) Dirk Anschutz/Stone/Getty Images; p. 13 (Clinton flyer) https://commons.wikimedia.org/wiki/File:Clinton_at_Georgetown_1967.jpg; p. 15 (top) dotshock/Shutterstock.com; p. 15 (Bill Gates) Doug Wilson/Corbis Historical/Getty Images; p. 17 (Aristotle) urbazon/Shutterstock.com; p. 17 (Plato) Nice_Media_PRODUCTION/Shutterstock.com; p. 17 (Capitol Building) Orhan Cam/Shutterstock.com; p. 19 (bottom) Kekyalyaynen/Shutterstock.com; p. 19 (top) Steve Debenport/E+/Getty Images; p. 21 Hero Images/Getty Images; p. 22 Syda Productions/Shutterstock.com.

Cataloging-in-Publication Data

Names: Turner, Joshua.
Title: Cómo tomar decisiones en grupo / Joshua Turner.
Description: New York : PowerKids Press, 2019. | Series: Virtud cívica: Trabajemos juntos | Includes index.
Identifiers: LCCN ISBN 9781538333563 (pbk.) | ISBN 9781538333556 (library bound) | ISBN 9781538333570 (6 pack)
Subjects: LCSH: Decision making–Juvenile literature.
Classification: LCC BF448.T87 2019 | DDC 153.8'3-dc23

Manufactured in the United States of America

CPSIA Compliance Information: Batch Batch #CS18PK: For Further Information contact Rosen Publishing, New York, New York at 1-800-237-9932

CONTENIDO

TRABAJAR EN GRUPO

Una persona que trabaja sola en un proyecto puede hacer grandes cosas. Un grupo de personas que trabaja en equipo en el mismo proyecto, a menudo puede hacer cosas aún mejores. Existen muchos tipos de grupos, entre ellos, los grupos **políticos**, de negocios y de alumnos.

Cuando la gente trabaja junta, puede unir todos sus puntos fuertes y así **compensar** los puntos débiles de cada uno. Trabajar en grupo significa que las personas tienen que controlar sus **egos**. Tienen que estar dispuestas a escuchar a los demás para que el grupo pueda tomar decisiones.

TRABAJANDO JUNTOS PODEMOS HACER GRANDES COSAS.

CIUDADANOS EN ACCIÓN

LA GUERRA DE INDEPENDENCIA DE ESTADOS UNIDOS TUVO ÉXITO PORQUE LAS 13 COLONIAS FORMARON UN GRUPO QUE FUE CAPAZ DE DERROCAR EL MANDATO BRITÁNICO. SI CADA COLONIA HUBIERA TRATADO DE LUCHAR CONTRA LOS BRITÁNICOS POR SU CUENTA, SEGURAMENTE HABRÍAN PERDIDO.

CÓMO SE FORMAN LOS GRUPOS

Para formar un grupo, una persona puede buscar a otras personas con intereses u objetivos **similares**. A veces, una persona de fuera, como un maestro, agrupa a la gente, como a sus alumnos. Los grupos también pueden basarse en la cercanía. Por ejemplo, tú podrías formar un club o un grupo con tu hermano o tu hermana.

La manera de formar el grupo puede afectar el cómo trabajan sus miembros juntos. Si te gustan las personas con las que estás trabajando, es más probable que el grupo tenga éxito.

LOS MAESTROS PONEN A SUS ALUMNOS EN GRUPOS PARA QUE PUEDAN APRENDER A TRABAJAR JUNTOS. TAL VEZ NO TE LLEVES BIEN CON TODOS LOS MIEMBROS DE TU GRUPO, PERO, AUN ASÍ, TIENEN QUE TRABAJAR JUNTOS.

LIDERAZGO VERTICAL

Los grupos de personas necesitan que alguien los guíe y haga de líder. Puede haber un encargado que dirija al grupo y elabore un plan que los demás deban seguir. Esto se llama *liderazgo vertical*, lo cual significa que las decisiones se toman arriba y después se pasan a los demás.

Algunas veces, los miembros de un grupo eligen a un líder a través de una votación. Otras veces, sin embargo, alguien de fuera elige al líder del grupo. Un ejemplo de esto es cuando los maestros dividen a sus alumnos en grupos y eligen a un líder para cada uno.

BARACK OBAMA FUE ELEGIDO PRESIDENTE POR UNA MAYORÍA DE ESTADOUNIDENSES DOS VECES, LA PRIMERA EN EL 2008 Y LA SEGUNDA EN EL 2012.

LIDERAZGO HORIZONTAL

Cuando los miembros de un grupo toman las decisiones juntos, se llama *liderazgo horizontal*. Los grupos utilizan la opinión de la mayoría para tomar decisiones. A veces, también usan la **mayoría relativa**.

En el liderazgo horizontal, las decisiones las toma el grupo entero en lugar de tomarlas una sola persona. Esto tiene la ventaja de incluir más ideas en la decisión final. Sin embargo, puede resultar difícil si hay diferencias de opinión muy grandes entre los miembros del grupo. Si ciertos miembros siempre quedan fuera de la mayoría, eso podría afectar su **moral** y su interés.

LOS GRUPOS QUE SE BASAN EN EL LIDERAZGO HORIZONTAL TIENEN PLANES MÁS AMPLIOS, PERO NO TIENEN UN LÍDER OFICIAL. LOS INTERESES DEL GRUPO PUEDEN CAMBIAR DEPENDIENDO DEL HUMOR DEL GRUPO EN SU CONJUNTO.

CIUDADANOS EN ACCIÓN

EL MOVIMIENTO POLÍTICO QUE OCUPABA WALL STREET TENÍA UN LIDERAZGO HORIZONTAL. LOS MIEMBROS DEL GRUPO TOMABAN DECISIONES JUNTOS Y EL GRUPO FUNCIONABA SIN UN LÍDER ÚNICO. COMO RESULTADO, EL GRUPO SUFRIÓ DE UNA FALTA DE DIRECCIÓN Y NO TENÍA UN MENSAJE CLARO.

GRUPOS DE ALUMNOS

Seguramente los grupos que te resultan más familiares son los grupos de alumnos. Estos pueden variar desde un grupo de una clase que se reúne para hacer las tareas a grupos como un **consejo de alumnos**.

Cuando se hacen mayores y van a la universidad, los alumnos forman grupos con tareas más importantes, y pueden tener un verdadero impacto en la vida estudiantil. Los grupos de alumnos pueden tener liderazgo vertical u horizontal dependiendo de lo que quieran hacer. Para tomar decisiones, a menudo cuentan con la ayuda de sus profesores y otras personas de la universidad.

ANTES DE SER PRESIDENTE DE ESTADOS UNIDOS, BILL CLINTON FORMÓ PARTE DEL CONSEJO DE ALUMNOS DE LA UNIVERSIDAD DE GEORGETOWN. FORMAR PARTE DE GRUPOS COMO ESTE AYUDÓ A CLINTON A DARSE CUENTA DE LO QUE QUERÍA HACER CON SU VIDA.

A REALISTIC APPROACH
TO
STUDENT GOVERNMENT

BILL CLINTON

CANDIDATE

PRESIDENT OF THE STUDENT COUNCIL

MAR. 8 1967

GRUPOS DE NEGOCIOS

A la mayoría de los adultos le resulta familiar los grupos de negocios. Mucha gente trabaja para varios negocios a lo largo de su vida. Cada negocio tiene un determinado propósito.

Los negocios son simplemente grupos de personas que trabajan juntas para producir algo o dar un servicio. A menudo, están fundados por una sola persona o un pequeño grupo de personas. La mayoría de los negocios utilizan el liderazgo vertical cuando toman decisiones. Esto significa que son los jefes los que toman las decisiones y luego dicen a los trabajadores lo que tienen que hacer.

TRABAJAR BIEN CON OTRAS PERSONAS ES UNA DESTREZA MUY IMPORTANTE EN LA VIDA. TE PUEDE AYUDAR A TENER ÉXITO EN TU PUESTO DE TRABAJO.

BILL GATES

CIUDADANOS EN ACCIÓN

BILL GATES FUNDÓ MICROSOFT A MEDIADOS DE LOS 70. REUNIÓ A UN GRUPO CON TALENTO Y FIJÓ EL RUMBO DE LA EMPRESA, CAMBIANDO LA FORMA EN QUE USAMOS LAS COMPUTADORAS. GATES ES EL QUE SE HIZO FAMOSO, PERO FUERON LOS ESFUERZOS DEL GRUPO ENTERO LOS QUE CONVIRTIERON A MICROSOFT EN UN ÉXITO.

GRUPOS POLÍTICOS

En Estados Unidos, nuestro Gobierno es un grupo de personas que nosotros elegimos para dirigir el país. Nuestro Gobierno crea leyes, mantiene las fuerzas armadas y se ocupa de las necesidades diarias de los ciudadanos.

Nuestro Gobierno es seguramente el grupo más interesante, porque sus jefes son los ciudadanos comunes. Cuando los miembros de nuestro Gobierno no hacen bien su trabajo, podemos elegir a personas nuevas para ocupar su lugar. Esto significa que las decisiones del Gobierno normalmente se toman teniendo en cuenta lo que quieren los ciudadanos.

NUESTRO GOBIERNO FEDERAL SE ENCUENTRA EN EL EDIFICIO DEL CAPITOLIO, EN WASHINGTON D. C. AQUÍ, LAS PERSONAS QUE ELEGIMOS TOMAN DECISIONES PARA LOS CIUDADANOS; POR TANTO, NUESTRO GOBIERNO ES UN SISTEMA TANTO VERTICAL COMO HORIZONTAL.

CIUDADANOS EN ACCIÓN

LA ANTIGUA GRECIA FUE EL LUGAR DE NACIMIENTO DE NUESTRO SISTEMA DE GOBIERNO MODERNO. ALLÍ ES DONDE GRANDES PENSADORES COMO PLATÓN Y ARISTÓTELES COMPARTIERON SUS IDEAS ACERCA DE CÓMO PODRÍA SER UN GOBIERNO DIRIGIDO POR UN GRUPO EN LUGAR DE POR UN REY. SIN ESTOS PENSADORES, POSIBLEMENTE NO TENDRÍAMOS EL GOBIERNO QUE TENEMOS HOY.

ARISTÓTELES

PLATÓN

HACER CONCESIONES

Hacer concesiones, o **renunciar** a algo que uno quiere, es lo que hace que funcionen bien los grupos. Incluso, si eres un líder en un sistema vertical, necesitas que la gente te siga. Eso significa que tienes que hacer concesiones de vez en cuando.

En un grupo no siempre todo el mundo consigue lo que quiere. Piensa en tus propios grupos de clase y en cómo a veces tienes que hacer algo que no te gusta para que el grupo pueda avanzar. Hacer concesiones no suele ser divertido, pero normalmente es necesario.

PARA LLEGAR A UN ACUERDO JUSTO, AMBAS PARTES DEBEN RENUNCIAR A ALGO QUE QUIEREN.

LA COMUNICACIÓN ES LA CLAVE

Tomar decisiones puede ser difícil cuando las personas en un grupo no se llevan bien o tienen ideas muy diferentes. Por eso, hacer concesiones es importante en cualquier grupo. La gente debe estar abierta a cambiar sus ideas si eso es lo mejor para el grupo.

Por otra parte, la gente también debe tener el valor de **pronunciarse** cuando le interesa especialmente algo. La **comunicación** entre los miembros de un grupo es esencial. Cuanto mejor comuniques tu posición, es más probable que la gente te apoye.

LAS DISCUSIONES ENTRE LOS MIEMBROS DE UN GRUPO PUEDEN RESULTAR EN SENTIMIENTOS HERIDOS, TIEMPO PERDIDO Y MALOS HÁBITOS DE TRABAJO. LA COMUNICACIÓN ES LA CLAVE PARA TOMAR DECISIONES EN UN GRUPO.

GRUPOS EXITOSOS

Los grupos exitosos son importantes porque sin ellos no tendríamos mucha gente exitosa. Ahora sabes lo importantes que son los grupos en nuestro mundo, y cuáles son las mejores maneras de hacer que tengan éxito.

Existen muchos tipos de grupos diferentes y todos tienen que tomar decisiones importantes. Desde un consejo de alumnos, al Gobierno de nuestro país, a un negocio multimillonario, el trabajo en equipo, las concesiones y la comunicación, son las claves. Con el enfoque correcto y suficiente esfuerzo, cualquier grupo puede tomar buenas decisiones y tener éxito.

GLOSARIO

compensar: igualar los efectos de una cosa con otra.

comunicación: el uso de palabras, sonidos, señales o comportamientos para expresar ideas, pensamientos y sentimientos.

consejo de alumnos: un grupo de alumnos elegidos en su escuela para programar actividades y eventos para los demás alumnos.

ego: la sensación que tiene una persona de su propia importancia.

guerra de Independencia de Estados Unidos: guerra, que tuvo lugar entre 1775 y 1783, en la que los colonos americanos ganaron la independencia del mandato británico.

mayoría relativa: un número de votos más grande que los votos recibidos por cualquier otro candidato o partido, pero que no llega a ser más de la mitad del total de votos.

moral: el sentimiento mental y emocional que una persona tiene acerca de algo que tiene que hacer.

político: que tiene que ver con el trabajo del Gobierno o asuntos públicos.

pronunciarse: mostrarse a favor o en contra de algo.

renunciar: dejar de forma voluntaria algo que se tiene o se quiere.

similar: que tiene cosas en común.

ÍNDICE

SITIOS DE INTERNET

Debido a la naturaleza cambiante de los enlaces de Internet, PowerKids Press ha elaborado una lista de sitios web relacionados con el tema de este libro. Este sitio se actualiza de forma regular. Por favor, utiliza este enlace para acceder a la lista: www.powerkidslinks.com/civicv/group